ANCIENNES

MAJOLIQUES

ITALIENNES

DES FABRIQUES

D'URBINO, GUBBIO, CASTEL-DURANTE,
CASTELLI, ETC.

Exposition publique le Vendredi 7 Juin 1867

Mᵉ CHARLES PILLET, | M. DHIOS,
Commissaire-Priseur. | *Expert.*

1867

CATALOGUE

D'ANCIENNES

MAJOLIQUES ITALIENNES

DES FABRIQUES

D'URBINO, GUBBIO, CASTEL-DURANTE,

CASTELLI, etc.

DONT LA VENTE AURA LIEU

HOTEL DROUOT, Salle N° 5

Le Samedi 8 Juin 1867

A DEUX HEURES.

Par le ministère de Me **Charles PILLET**, Commissaire-Priseur,
11, rue de Choiseul,

Assisté de M. **DHIOS**, Expert, rue Lepelletier, 33,

Chez lesquels se trouve le Catalogue.

EXPOSITION PUBLIQUE

Le Vendredi 7 Juin 1867, de une heure à cinq heures.

CONDITIONS DE LA VENTE

Elle sera faite au comptant.

Les adjudicataires payeront *cinq pour cent* en sus des enchères.

L'exposition mettant le public à même de se rendre compte de l'état des objets, il ne sera admis aucune réclamation une fois l'adjudication prononcée.

Paris — Imp Pillet fils ainé, rue des Grands-Augustins, 5.

DÉSIGNATION DES OBJETS

1 — Fabrique d'Urbino. Très-beau et grand plat avec arabesques et armoiries au milieu.

2 — Plat rond même genre que le premier, représentant l'Abondance. Attribué à Alfonso Patanazzi.

3 — Grand plat, au milieu un personnage sur une barque traverse une rivière.

4 — Grand plat faisant pendant au N° 3, représentant la Fortune, entourée de personnages mythologiques.

5 — Beau et grand plat de 48 centimètres de diamètre, représentant la Présentation au temple, d'après le dessin de Raphaël, et avec des imbrications décorées par le procédé *bianco sopra bianco*. Belle bordure à arabesques.

6 — La Naissance d'Adonis. Grand plat, très-beau et très-rare, attribué à Manara.

7 — Très-beau plat représentant un pâtre assis avec un mouton. Attribué à Manara.

8 — Grande coupe, représentant la naissance de Romulus et Rémus. Fabrique de Castel Durante.

9 — Grand saladier, représentant un fleuve ; allégorie de la pêche.

10 — Assiette avec armoiries, trois figures et un chien, fabrique du nord de l'Italie.

11 — Fabrique d'Urbino. Très-beau plat rond, représentant un sacrifice, avec quinze personnages et les divinités.

12 — Coupe à reflets métalliques, fabrique de Gubbio. Attribué à Maestro Giorgio.

13 — Fabrique de Castel Durante. Très-belle coupe, représentant les quatre Législateurs.

14 — Coupe très-belle, représentant saint Jérome. Le revers porte le monogramme J. R. avec une croix au milieu. (Hippolito Rombanotti.)

15 — Fabrique d'Urbino. Coupe, représentant la Descente au
tombeau. Attribué à Fontana.

16 — Coupe, représentant la naissance de Jésus. Pendant du
N° 15.

17 — Coupe, représentant la Bénédiction de Jacob. Pendant
des N° . 15 et 16.

Trois belles pièces.

18 — Fabrique d'Urbino. Coupe, représentant plusieurs femmes occupées à puiser de l'eau et cueillir des fruits. Belle
composition, attribuée à Fontana.

19 — Fabrique d'Urbino. Très-belle coupe, représentant Hercule et Omphale, avec arabesques.

20 — Fabrique d'Urbino. Coupe, représentant des personnages à cheval et à pied.

Le revers est signé, 1550.

21 — Fabrique d'Urbino. Coupe, représentant un orateur sa-
cré, et grande quantité de personnages.

22 — Même fabrique. Coupe, représentant Andromède déli-
vrée par Persée. Attribué à Xante.

23 — Orphée. Pendant du N°. 22.

24 — Fabrique de Castel Durante. Coupe. Un Chinois avec un enfant.

25 — Même fabrique. Coupe, représentant le Christ, saint Antoine et une sainte.

26 — Fabrique d'Urbino. Assiette, représentant la Résurrection de la chair.

27 — Fabrique d'Urbino. Une coupe très-jolie, représentant un saint au milieu d'arabesques.

28 — Même fabrique. Coupe, représentant un paysage.

29 — Même fabrique. Assiette, représentant un amour au milieu d'arabesques et d'animaux chimériques.

30 — Fabrique de Gênes. Une armoirie municipale.

31 — Une petite coupe, représentant saint François. XVII° siècle.

32 — Assiette, représentant un cerf à la course. XVII° siècle.

33 — Assiette, représentant un amour au centre. Belle bordure d'arabesques. XVIe siècle.

34 — Fabrique d'Urbino. Assiette, représentant un amour entouré d'arabesques. XVIe siècle.

35 — Fabrique d'Urbino. Une croix grecque avec des arabesques. XVIe siècle.

36 — Même fabrique. Assiette avec deux armoiries et deux personnages.

37 — Fabrique d'Urbino. Assiette, représentant un paysage sur le bord de la mer.

38 — Fabrique d'Urbino. Coupe, représentant Andromède delivrée par Persée.

39-42 — Fabrique d'Urbino. Quatre assiettes magnifiques, avec les armes du duc de Parme, admirables de composition, de couleurs et d'émail, parfaitement conservées. Elles portent au revers l'explication des sujets : *Vitruvio principe dell' architettura; Depafise e Dedalo; il carro di ; come Pompeo fu vinto da Cesare.* Les quatre assiettes sont de Fontana. Le Vitruvio est signé F.

43 — Même fabrique. Très-belle coupe à côtes, représentant Crassus buvant l'or fondu. Attribué à Xanto.

44 — Fragment de coupe, représentant Hercule et Déjanire. Attribué à Fontana.

45 — Coupe, représentant Circé et Ulysse. Attribué à Fontana.

46 — La déesse Latone. Pendant du précédent.

47 — Coupe, représentant Diane chasseresse. Attribué à Xanto.

48 — Nymphe chasseresse.

Pendant du précédent.

49 — Coupe, représentant une nymphe métamorphosée en roseau. Attribué à Xanto.

50 — Assiette, représentant deux femmes près d'un puits. Attribué à Xanto.

51 — Assiette, représentant un guerrier à cheval. Attribué à Xanto.

52 — Fabrique de Castel Durante. Assiette, représentant un amour entouré de trophées.

53 — Fabrique de Pesaro. Assiette représentant une jeune fille se baignant les jambes.

54 — Fabrique de Gubio. Assiette avec étoile au milieu et des arabesques autour.

55 — Assiette représentant un paysage et deux personnages assis.

56 — Fabrique de Castel Durante. Assiette, représentant un saint à genoux au milieu d'arabesques.

57 — Fabrique d'Urbino. Coupe à arabesques.

58 — Fabrique d'Urbino. Assiette, représentant Circé.

59 — Pendant du précédent, représentant Mars.

60 — Fabrique de Castelli. Coquetier, représentant deux femmes. Signé Gentili.

61 — Même fabrique. Assiette, représentant un paysage et personnages.

62 — Même fabrique. Assiette, représentant un paysage et quatre personnages.

63 — Même fabrique. Petite assiette, représentant Apollon sauvant Eurydice. Très-jolie.

64 — Même fabrique. Petite assiette, représentant le Triomphe d'Amphitrite.

65 — Même fabrique. Petite assiette, représentant trois personnages.

66-73. — Fabrique des Abruzzes. Huit assiettes, représentant des personnages au milieu de paysages.

74 — Soucoupe. Une femme endormie, surprise par un satyre et l'Amour.

75-86 — Douze assiettes, représentant des paysages avec personnages. Fabrique de Naples.

87 — Plat à reflets métalliques. Fabrique de Gubbio. Attribué à Maestro Giorgio.

88 — Très-belle coupe, représentant Joseph et Putiphar ; au revers, un amour. Attribué à Xanto.

89 — Assiette à dragées ; au centre, un portrait de guerrier ; bord très-large, à dauphins et têtes de mascarons.

90 — Assiette. Une sainte martyre, avec dorures et guirlande de cerises.

91 — Petite coupe, représentant un amour avec des arabesques.

92 — Soucoupe à anses, représentant saint François.

93-94 — Deux petits portraits.

95-99 — Cinq assiettes avec paysages et personnages.

100 — Fragment d'un très-grand vase, représentant saint Jérôme.

101 — Une très-belle coupe de vingt-huit centimètres de diamètre, avec dix-sept personnages et la statue de la Jeunesse de Rome. Au milieu, le Dévouement de Curtius.

102 — Une coupe avec un portrait ; sur une banderole on lit : *Francesca Bella*.